spatzenweisheit

Texte von Angelika Overath
zu den Fotografien von Horst Munzig

Herder Freiburg · Basel · Wien

Und das Spiel beginnt: Du siehst mich nicht, aber ich bin da. Zugegeben: klein, unscheinbar, winzig neben dir. Wenn du aufschaust, achtest du auf anderes;

iiiiii ii i i c hbin so g u t wie dein Buc h

ich aber achte auf dich. Ich warte, ich beobachte dich. Meinetwegen, ich denke an einen kleinen Imbiss. Aber auch etwas Aufmerksamkeit wäre mir recht. Ich bin so gut wie dein Buch. Wollen wir wetten? Auf den Stufen bin ich dein Buchstabe, einzig auf all den Zeilen. Kannst du mich lesen? Versuch es, und das Weitere wird sich finden.

Du könntest mich füttern. Und du würdest staunen. Denn auf einmal wären wir alle da: der ganze Spatzentrupp aus den Büschen, von den Balustraden, den Dächern. Wenn wir nicht da sind, sind wir überall. Eine zerpflückte Semmel aber, eine Handvoll Haferflocken gar, und wir hüpfen dir zu Füßen und flattern nach der gestreuten Lust die aberwitzigsten Figuren.

w e n n n n n w i r nichtdasind, sindwir übe r a l l

Wo Menschen leben, picken Spatzen. Ornithologen nennen uns Kulturfolger; Krümelfolger hätten wir formuliert. Vor 20 000 Jahren kamen unsere Stammesvorfahren aus Afrika. Das Niltal entlang zogen sie nordwärts weiter. Das, was ihr heute Hausspatz nennt oder Sperling oder „Passer domesticus", entwickelte sich nur in unmittelbarer Lebensgemeinschaft mit euch. Wir hüpfen in den eisigen Höhen der Alpen, entlang der alten Saumpfade wie in hochmodernen Gondelstationen; wir tschilpen in der fließenden Hitze Griechenlands und am Saum der Wüste Gobi. Wir reiten auf Esel und Kuh und durchqueren deren nahrhafte Beinregionen. Unsere bloße Existenz ist

Wo Menschen leben, picken Spatzen

kein schlechter Indikator für das, was ihr natürliche Lebensqualität nennt.

Spatzen sind mutige Pioniere. Als der Mensch der Moderne begann, vermehrt zu reisen und seine Waren zu verschicken, war auch der Hausspatz dabei. Heimlich flatterten wir in Getreidetransporter und reisten als blinde Passagiere auf den Handelsstraßen, entlang der neuen Eisenbahnlinien, der großen Wasserwege. Wir wurden auch gezielt verschickt. Im 19. Jahrhundert versorgten eigens gegründete Spatzenkompanien die Amerika-Auswanderer, die in der Neuen Welt ihre alten Spatzen vermissten. Nun denn. Zum einen hofften sie auf unsere Hilfe bei der Schädlingsbekämpfung. Das war eher ein Irrtum. Zum andern aber wollten sie unser vertrautes Singen auch in der Fremde hören. Das war zu machen: Für ihre heimwehkranken Seelen wurden wir ein lautstarker Erfolg.

wirrwurrden eeein l l a u t E
Starker rfol g

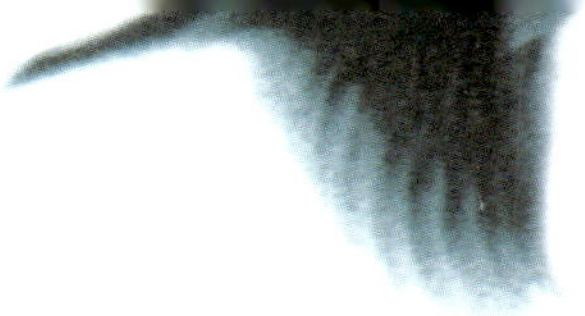

Wir sind ein Ehepaar. Drei Jahre schon ziehen wir zusammen Junge auf.

Wir Spatzen können alt werden. Wenn einer seine Jugend überlebt, was eher unwahrscheinlich ist, kann er es auf 15 Jahre bringen. Zahme Spatzen in Menschenhaushalten wurden noch älter. Wir leben monogam. Theoretisch zumindest. Wie bei euch Menschen sind allerdings die verschiedensten Varianten möglich. Gut, Liebe macht erfinderisch. Und Kinder machen kreativ. Wir wechseln uns in der Nestarbeit ab. Spatzenmänner haben keine Probleme mit dem Brüten. Unbedingt legen wir Wert auf eine gewisse, den Schwarm

Liebe macht erfinderisch, Kinder kreativ

stabilisierende Solidarität: Stirbt ein Partner, findet sich in der Nachbarschaft der Spatzenkolonie selbstverständlich Ersatz.

In ägyptischen Märchen werden die Seelen toter Kinder junge Spatzen.

Wir sind Geschwister. Wo sind unsere Eltern, die uns zwei Wochen im Nest gefüttert und gehudert haben? Dort war es dunkel, weich und warm. Jetzt sind wir im Offenen allein und bleiben deshalb lieber zu zweit.

SSSeelen toter Kinderwerdenj u n g e Spatzen

Bald bist du groß. Wirst du leben? Ich bin fleißig, ich füttere dich mit 100 Insekten am Tag. Und ein wenig kannst du schon selber picken. Du bist mein

viel gefährlicher aber ist die Straße

Glück. Aus meinen vier Eiern sind zwei Junge geschlüpft. Und nur jeder fünfte Spatz, der die Nestzeit überlebt, kommt durch sein erstes Jahr. Katzen, Sperber, Eulen, das wirst du lernen, sind unsere natürlichen Feinde. Viel gefährlicher aber für uns Hausspatzen ist die moderne Straße.

drei ent Scheidende Grammmmmmehr a l s d a s N i c h t s

Ich lebe! Und ich schreie mich ins Leben! Ich war winzig und nackt, ein klebriges Nichts, drei Gramm schwer, neben der zerbrochenen schöngetupften Eierschale. Dann regte ich mich. Gut, ein Nichts: aber in meinem Fall waren das immerhin drei entscheidende Gramm mehr. In Überlebensgier riss ich den Schnabel auf. Und wundersam wanderten hinein: zarte Insekten, leichte Larven, weiche Würmer, vorgekaute noch in der Milch stehende, junge Samen. Ich schluckte und wuchs um ein Zehnfaches heran. Ich wurde ein Wesen mit Flaum und mit Federn und besann mich auf mein Dasein als Vogel. In einem wirbelnden Sturz, einem furchtbaren Flattern habe ich Fliegen gelernt – das ich lebensmutig nun beherrsche.

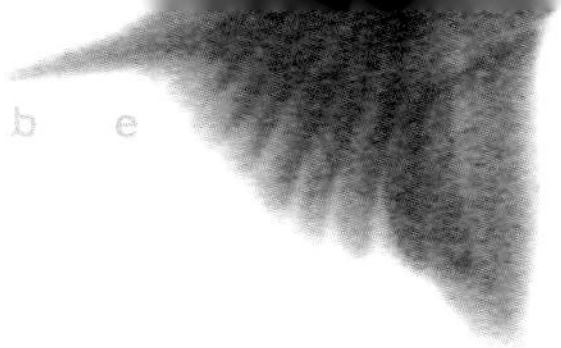

L i e b e ist immer geschenkt

Wisst ihr, dass Aphrodite mit Sperlingen reiste? Buntgraue kleine Vögel umflatterten die Göttin der Liebe. Im Griechischen („Struthion") wie im Lateinischen („Passerula") nennt man Hetären mit unserem Namen. Und „Spatz" oder „kleiner Spatz" sind auch bei euch sofort verstandene Koseformen. In alter Zeit übrigens war die Sperlingsgasse nicht die Straße, in der besonders viele Spatzen wohnten, sondern ziemlich präzise die Adresse der käuflichen Liebe. Was heißt schon käuflich! Liebe ist immer geschenkt. Und das andere kennen wir nicht.

Gelegentlich ziehe ich es vor, mich vom Spatzentrupp zu entfernen. Unsere Gemeinsamkeit möchte ich nicht missen, aber alles Übertriebene ist von Übel. Immer der Krach mit den Jungen und die ewigen Diskussionen um die Futter-

ein mal al l l l eeeeinn unter Mens c h en speisen

plätze. Wie angenehm ist es doch, auch einmal allein unter Menschen zu speisen.

Neben einer Maß messe ich wenig. Ich habe Platz in einer Menschenhand.

P l a t z in einer Hand

Aber ich bin ein unermesslich trunkenes Maß von eigensinnigem Spatzen-leben.

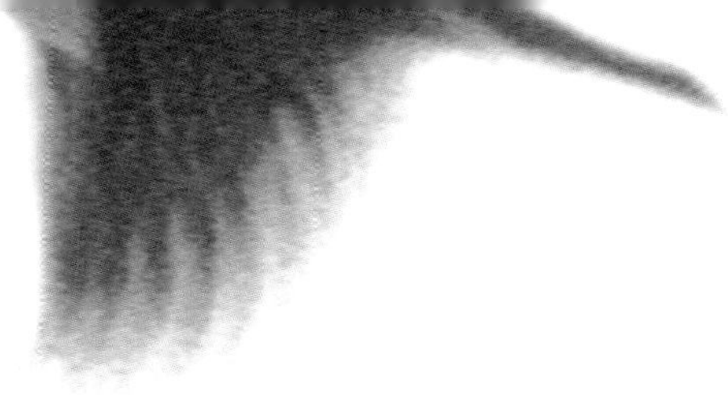

Gut, gut, ich übernehme mich. Vielleicht. Vielleicht schaffe ich es aber doch, diese ganze verdammte Brezel mitzuschleppen. Wer nicht versucht, über seine Grenzen zu gehen, kann gar nicht wissen, was er kann.

wer ni cht ver sucht, über Gr e n z e n z u g e h e n . . .

ö

wir k nnenau c h l l l ä c h e l n n

Wir können auch lächeln.

Wir sind nicht Adler und nicht Taube, Lerche nicht oder Eule. Wir gelten als unbedeutend. Wir fallen nicht auf, obwohl unser Gefieder sehr fein gezeichnet ist und herrlich spielen kann zwischen Braun und Kastanie, Weiß und Grau, Anthrazit und Schwarz. Doch gerade wir geben der jüngsten, seit dem Tertiär bekannten Ordnung von Vögeln ihren Namen. Alle Singvögel weltweit gehören dazu. Die „Sperlingsvögel" umfassen mehr als 5 000 verschiedene Arten. Manche von ihnen werden über einen Meter lang. Wir sind eine variable Grundform von Vogel. Wir sind das bescheidene Urmuster für eine unermessliche Pracht, die über die ganze Erde fliegt und singt.

Wie schön das Wasser ist! Doch ist es gefährlich? Unsere Eltern baden selbst im Flug: Tollkühn fliegen sie den Sprühregen an, der aus dem rotierenden Rasensprenkler kommt. Das braucht Übung. Wir gerade Flüggen beginnen in Pfützen, in seichten überfließenden Brunnenschalen. Auch in warmen Sand-

wir erf f i i i i n d en, w a . s . u n s . ge . . . fällt

kuhlen baden wir, in frischem Pulverschnee, in Reihen von nassem Salat. Wir erfinden, was uns gefällt. Es gibt Spatzen, die haben in Zuckerdosen gebadet.

Ich stecke den Kopf hinein und schüttle mich, ich beuge das Brustgefieder

toben mit allen Federn

und senke die Schwanzspitze. Ich schlage mit den Flügeln, bis ich nass bin.

Und wenn ich die Angst vergesse, tobe ich mit allen Federn.

Ich bin ein Wirbel, ein Schwung, bin Feder und Wasser. Ich kann überall

fliegen. Ich bin ein nasses Staunen.

f l i i e g e n n

überall

Wenn wir in Bäumen frei hängende Nester bauen, geraten manche

j e deL ü c k e e ine . . . Verheißung

fußballgroß. Haben wir weniger Platz, begnügen wir uns mit einer kleinen Schale. Wir sind sehr einfallsreich und passen uns die Gegebenheiten spatzengenau an. Wir lieben die Lücke unter den Ziegeln, den Raum hinter der Regenrinne, die Öffnungen zwischen Hauswand und Dach.

Wir richten uns hinter Verschalungen und Firmenschildern ein, wir nisten in Leuchtbuchstaben und Straßenlaternen. Wir bauen, wo etwas bröckelt. Da, wo du nicht hinsiehst, ist ein guter Platz für ein Nest. In jeder Lücke liegt eine Verheißung.

SANDWICHS

Für uns ist die Moderne kein Fortschritt. Verkachelte Böden, verspiegelte Wände, Chrom und Beton sind nicht spatzenfreundlich. Gut geputzt ist schlecht verkrümelt. Ein Sandbad wird zur exotischen Sensation. Und wo sollen wir brüten? Was ist ein verglaster Airport gegen einen alten Bahnhof? Was ist der motorisierte Stadtverkehr gegen Pferd und Wagen? Was sind Abgase gegen Rossäpfel? Es gibt Kolonien, die sind schon in den Zoo umgezogen. Das kann auch für euch nichts Gutes bedeuten. Wir sind nicht zimperlich. Wir sind zäh und treu. Aber wir hoffen darauf, dass ihr euch mit Haut und Haaren besinnt.

W a s s i n d A b gaa a a se gegen Rossäp f p f p f e l

perspektivenwechsel

Man soll, sagt ihr, nicht mit Kanonen auf Spatzen schießen. Das ist nett von euch. Auch umgekehrt fänden wir es nicht schön. Dabei können Kanonen ziemlich gemütlich sein. Ich schlage sie meiner Gefährtin gerade erfolgreich als gemeinsames Nest vor. Manchmal reicht es einfach, die Perspektive zu wechseln.

Es ist weniger kalt Seite an Seite, Bauch an Bauch. Es ist auch weniger langweilig. Einer ist immer zärtlich oder erzählt etwas. Wir sind gesellig und putzen uns gegenseitig das Gefieder. Wir beherrschen das chorische Singen. In Trupps schwärmen wir nach Futter aus. Je größer ein kollektiver Schwarm, desto höher die individuelle Pickrate. Uns schützt Solidarität.

ei n e r i s t i m m er zärtlichoooodererzähltetwas

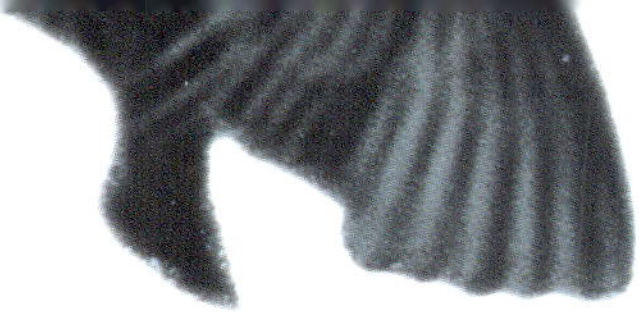

Vom Schnee steigen wir auf in den Winterhimmel. Wir fliegen tief in Wellenlinien. Wir sind Feldspatzen, die wilden Verwandten der leicht zähmbaren Hausspatzen. Unsere Kragen sind weiß, unsere Backen haben dunkle Flecken. Wir möchten uns nicht wichtig machen, aber wir gehören bereits zu den bedrohten Vogelarten. Vielleicht werden wir bald, wie

vjell l leicht werdenwir b ald V er g . ang.enheit sein . . .

Streuobstwiesen und Lesesteinwälle, wie ein Fladen Mist auf einem sandigen Feldweg, Vergangenheit sein.

Gesamtgestaltung und Konzeption: R-M-E
Roland Eschlbeck/Anna Schöll
Satz: Factory Two, München
Herstellung: L.E.G.O. Olivotto S.p.A., Vicenza 2001
ISBN 3-451-27672-0